Petit Glossaire de Madame de Sévigné

Édouard Pilastre

Alpha Editions

This edition published in 2024

ISBN : 9789362994370

Design and Setting By
Alpha Editions
www.alphaedis.com
Email - info@alphaedis.com

As per information held with us this book is in Public Domain.
This book is a reproduction of an important historical work. Alpha Editions uses the best technology to reproduce historical work in the same manner it was first published to preserve its original nature. Any marks or number seen are left intentionally to preserve its true form.

Contents

AVANT-PROPOS .... - 1 -
Par E. Pilastre .... - 5 -
    A .... - 5 -
    B .... - 7 -
    C .... - 10 -
    D .... - 14 -
    E .... - 16 -
    F .... - 17 -
    G .... - 19 -
    H .... - 20 -
    I .... - 21 -
    J .... - 21 -
    L .... - 21 -
    M .... - 22 -
    N .... - 24 -
    O .... - 25 -
    P .... - 25 -
    Q .... - 28 -
    R .... - 29 -
    S .... - 31 -
    T .... - 33 -
    V .... - 34 -

AVANT-PROPOS

Le petit livre que nous publions est destiné aux gens du monde qui sont restés fidèles à la littérature du XVIIe siècle et qui ont gardé le culte de Madame de Sévigné. Les *Sévignistes*, comme les appelait Sainte-Beuve, voudront bien excuser ce que notre essai a d'incomplet et d'imparfait. Il nous a semblé, toutefois, que, même dans les limites étroites où se renfermait notre travail, il pourrait offrir quelque intérêt, soit pour l'intelligence de l'œuvre de Madame de Sévigné, soit pour l'étude de la langue française d'autrefois.

Dans ses incessantes évolutions, notre langue s'est appauvrie, peu à peu, de plus d'un terme expressif qu'on retrouvera dans les Lettres de la célèbre Marquise. En outre il nous apparaît, comme on l'a déjà souvent remarqué, que nos contemporains se sont accoutumés à ne pas faire usage, même, de tous les mots qui ne sont pas tombés en désuétude. Un vocabulaire restreint et monotone paraît suffire aux besoins de nos écrivains modernes; d'autre part, beaucoup d'additions nouvelles à la belle langue du XVIIe siècle, dont ils usent, ne sont pas toujours marquées au bon coin. Elles ne nous consolent pas, d'ailleurs, de ce que l'usage nous a fait perdre.

La correspondance de Madame de Sévigné présente cette exacte proportion entre la pensée et la forme qui, comme l'a dit le philosophe Bersot, a constitué au XVIIe siècle la perfection de tant d'ouvrages. L'œuvre de Madame de Sévigné n'a pas vieilli. On peut lui appliquer d'ailleurs ce qu'elle écrivait à sa fille, le 11 janvier 1690, d'un auteur qu'elle admirait: «Il ne faut pas dire cela est vieux; non cela n'est pas vieux, mais c'est divin.»

La supériorité des femmes du XVIIe siècle, dans l'art épistolaire, n'a jamais été méconnue: «Ce sexe va plus loin que nous dans ce genre d'écrire», déclarait La Bruyère. Paul-Louis Courier, si bon connaisseur en matière de beau langage, disait de même: «Gardez-vous bien de croire que quelqu'un ait écrit en français, depuis le règne de Louis XIV. La moindre femmelette de ce temps-là vaut mieux, pour le langage, que les Jean-Jacques, Diderot, d'Alembert, contemporains ou postérieurs.»

En particulier, le style de Madame de Sévigné est incomparable. Son langage est vif, rapide, animé, clair, naturel, riche en tours nouveaux, exempt de déclamation, affranchi de la lourdeur compassée de certains auteurs de son temps, plein de rencontres heureuses et accru encore de l'agrément des souvenirs de ses lectures et de ses travaux.

En effet, aux dons naturels de son esprit, Madame de Sévigné avait ajouté le fruit d'une éducation développée et le profit de lectures sérieuses dans notre langue, comme dans d'autres.

Elle savait l'italien, qui lui avait été enseigné par Ménage et Chapelain; l'espagnol et le latin que Ménage lui avait appris. Elle lisait Virgile «dans toute la majesté du texte», comme elle l'écrivait à sa fille, le 16 juillet 1672. Elle étudiait le Tasse, l'Arioste, Cervantès dans leurs langues; elle les citait à propos, toujours de mémoire. Elle connaissait à fond Corneille, La Fontaine, Molière, Quinault que notre siècle n'apprécie pas à sa juste valeur, Racine qu'elle ne mettait pas à un assez haut rang. Elle avait lu Rabelais et en avait retenu plus d'un trait qui plaisait à sa nature franche, hardie et rieuse. L'histoire, la religion, la philosophie étaient les constants objets de ses lectures. Descartes, Nicole, Arnauld, les Solitaires de Port-Royal, Pascal, surtout, excitaient chez elle une admiration passionnée. Elle avait profité de la façon la plus heureuse des connaissances qu'elle avait ainsi acquises pendant toute sa vie. Elle n'était pas tombée dans ce que Molière appelle «tout le savoir obscur de la pédanterie». Elle avait fait, cependant, partie de la Société des Précieuses de l'hôtel de Rambouillet, sans être atteinte par l'affectation de leurs propos et de leurs écrits. Elle y avait gagné le goût du bon langage et cette politesse exquise qui avait succédé, grâce aux efforts des Précieuses, à la grossièreté trop réelle des mœurs et des discours des âges précédents.

Ce qui plaît, dans les Lettres de Madame de Sévigné, c'est le naturel parfait de sa manière. Elle justifie, pour nous, le mot profond de Pascal: «Quand on voit le style naturel on est étonné et ému, car on s'attendait à voir un auteur et on trouve un homme.»

Il en est de Madame de Sévigné comme de Voltaire: l'artifice n'apparaît jamais dans leurs écrits. On pourrait, assurément, appliquer à la Marquise cette pensée du Tasse, un de ses auteurs favoris, sur les jardins d'Armide: «Ce qui ajoute à la beauté et au prix de l'ouvrage, l'art, qui a présidé à tout ne s'y découvre pas.»

Nous n'avons pas à faire ressortir ici tout l'intérêt que présente la correspondance de Madame de Sévigné par la peinture des mœurs et des caractères de ses contemporains, la vie de la Cour de Louis XIV et les principaux événements de ce grand règne. C'est une mine dans laquelle les historiens et les philosophes n'ont jamais cessé de puiser. Ses écrits demeureraient un tableau unique de son époque, si nous n'avions pas La Bruyère et Saint-Simon.

C'est ce dernier qui peut surtout, à juste titre, être rapproché de Madame de Sévigné. Il admirait beaucoup la célèbre marquise et lisait souvent ses lettres. Il lui rend un témoignage d'admiration dans ses Mémoires.

Quand Saint-Simon ne s'abandonne pas à sa fougue passionnée contre ses adversaires, quand ses yeux ne sont pas troublés par l'aveugle amour de ses privilèges de duc et pair, quand il se borne à narrer ce qu'il a vu et observé et à retracer, dans un style alerte et animé, quelque incident notable de la Cour ou quelque aventure singulière, il nous a rappelé plus d'une fois le charme et l'aisance des narrations simples, vivantes et expressives de Madame de Sévigné.

La langue de Saint-Simon présente plus d'une analogie avec celle de Madame de Sévigné. Elle est hardie, riche en termes originaux d'ancienne ou de nouvelle date; elle ne recule pas, au besoin, devant le mot propre, avec cette fausse pruderie qui a trop souvent gagné, depuis, les fils des Gaulois.

Dans le Glossaire que nous avons rédigé, on trouvera plus d'un renvoi aux Mémoires de Saint-Simon. Si le lecteur veut bien s'y référer, il apercevra aisément les ressemblances de style que nous signalons.

Celui qui voudra faire une étude plus complète de la langue de la marquise, trouvera dans le Lexique de la langue de Madame de Sévigné, publié en 1886 par E. Sommer, à la librairie Hachette, un tableau complet et achevé de cette langue. Nous nous sommes borné à présenter au public une esquisse. On composait autrefois des petites bibliothèques pour les hommes du monde et les gens de goût, en volumes de format exigu, à l'apparence modeste, mais en réalité assez instructifs. Si cette mode n'était pas passée et si, sous l'influence étrangère, l'érudition moderne ne nous submergeait pas souvent sous des publications d'une étendue qui les rend peu accessibles aux profanes, nous serions heureux que notre petit volume fût accueilli avec bienveillance par ceux des amateurs du temps passé qui ne seraient pas trop attachés aux nouvelles habitudes. Nous n'aurions rien à désirer si notre travail ramenait encore quelques lecteurs à une étude nouvelle du texte de Madame de Sévigné. Nous avons réduit nos observations personnelles dans ce but, car nous partageons entièrement l'avis de La Bruyère: «L'étude des textes ne peut être assez recommandée. C'est la paresse des hommes qui a encouragé le pédantisme à grossir plutôt qu'à enrichir les bibliothèques et à faire périr le texte sous le poids des commentaires.»

Les renvois relatifs aux Lettres de Madame de Sévigné s'appliquent à la grande édition, en douze volumes, de ces Lettres donnée par Monmerqué chez MM. Hachette. Pour les Lettres inédites, les renvois se réfèrent, avec une indication spéciale, à la publication en deux volumes, faite chez les mêmes éditeurs, par M. Capmas.

Les citations des Mémoires de Saint-Simon sont données d'après l'édition en vingt et un volumes, parue en 1873 chez MM. Hachette. Dans un Lexique sommaire de la langue de Saint-Simon, composé par nous, on trouvera les passages des Mémoires de Saint-Simon rappelés, ici, avec un bref commentaire.

A défaut d'indication spéciale pour ces divers ouvrages, le premier chiffre, romain, indiquera le tome et le chiffre arabe, la page de ces livres.

Par E. Pilastre

A

ABIMÉE EN DIEU, tome I, page 444. «Madame votre tante m'a paru *abîmée en Dieu.*»—Jetée dans le fond, plongée.... (Cf. Saint-Simon, VIII, 406, I.)

ABOYER, VII, 279. «Les tourières ont *aboyé* sur moi, que je n'étais pas encore abordée.»

On écrivait autrefois *abboyé*. On trouve dans Saint-Simon ce mot employé comme verbe actif. (Cf. Saint-Simon, I, 453.)

ACADÉMISTES, I, 407. «Si vous n'avez jamais vu les procédés des *Académistes*...»

Ceux qui fréquentent les écoles d'équitation, ou d'autres exercices corporels, dites académies.

Académie au XVIIe siècle signifiait un lieu d'exercices pour les jeunes gens. (Cf. Saint-Simon, XIV, 385).

ACCESSIT, IX, 258. «Pour être pape, l'*accessit* gâta tout.»

Dans le scrutin de ballottage du Conclave, il y avait l'accès ou l'accessit des voix des cardinaux à l'un des candidats déjà bénéficiaires d'un certain nombre de suffrages.

ACCOUCHADE, IV, 143. «Embrassez l'*accouchade*.»—C'est-à-dire l'accouchée.—Forme provençale du participe.

AIGLE ÉPLOYÉE, IX, 404. «Cette *aigle éployée* nous fera voir de quel côté elle prendra son vol....»—L'aigle à deux têtes de l'Empire, avec les ailes étendues.

«L'aigle, dit Furetière, comme symbole de la royauté, est représentée quelquefois avec deux têtes et, en ce cas, on la qualifie *esployée*, quoiqu'elle n'ait jamais qu'un corps, deux jambes et deux ailes ouvertes et étendues, montrant entièrement l'estomac. Celle de l'Empire est de cette sorte.... On appelle en général *esployés*, tous les oiseaux qui ont les ailes étendues; le mot vient du latin *explicare*.»

AIMABLEMENT, *Lettres inédites*, II, 126. «*Aimablement*, voilà un mot qui vient souvent sous ma plume; je voudrais bien pouvoir le mettre dans le grand monde.»

Il y est arrivé par l'usage.—Ce mot nouveau, employé par Madame de Sévigné, n'est pas donné par Ménage, non plus qu'aimable. Ce dernier terme est seul admis dans le *Dictionnaire universel*, de Furetière. Madame de Staal-Delaunay (t. I, p. 213), écrit encore *amiable*: «des propos aussi peu amiables.»

AIR (bon), IX, 517. «Il n'a pas *bon air*, cet hiver.»—Bonne conduite et belle apparence.

AIR (l'), I, 475. «Il apprit cette bonne nouvelle par *l'air*.»—Par des signes.

ALLELUIA (style d'), X, 281. «Si vous lui écriviez, sur sa résurrection, *d'un style d'Alleluia*.»—D'allégresse.

ALL'ERTA, *Lettres inédites*, I, 418. «Les grands marchands étaient déjà *all'erta*.»

Dans l'attente, anxieux. (V. Saint-Simon, II, 316). En italien: *erta*, lieu éminent, montée; en français: tenir alerte, être en garde, guetter.

ALMANACH, IV, 10. «Vous êtes un très bon *almanach*.»

Ce mot vient du bas latin *almanachus*; il s'appliquait d'abord à des calendriers égyptiens.

AMITIÉ, IX, 505. «Le Roi lui envoya faire une *amitié*.»—Un compliment affectueux.

ANONNEMENT, X, 267. «L'*ânonnement* que je connais, ferait une étrange pauvreté de cette lettre.»—Lecture mauvaise à haute voix.

APOSTILLES, I, 519. «Quelles *apostilles* ne ferais-je point à vos lettres....?»

Annotation marginale. Etymologie: *post illa* (*verba*.)

ARÇONS (remis dans les), VI, 133. «Il se fut encore *remis dans les arçons*.»

Retrouver son équilibre et sa force, reprendre les étriers.

ATTOURNANCE, VIII, 76. «J'attends votre réponse sur l'*attournance* de ces six mille livres.»—Cession.

ATTOURNER, VIII, 87. «Il faut l'obliger à nous *attourner* ces prétentions.»—Céder.

Attourner: disposer, parer. Atour, qui vient de ce verbe, reste seul en usage.

AUTOMNE (une), V, 245. «Que vous allez passer *une jolie automne*.»

Automne est devenu du genre masculin, autrefois il était des deux genres.

AVALER, VIII, 263. «Madame de Coulanges ne pouvait *avaler* mes excuses.»—Faire descendre. (Cf. Saint-Simon, XI, 275.)

AVOINE, VIII, 213. «On mange son *avoine* tristement, mais, enfin, on la mange.»

Prendre sa nourriture en silence, se résigner à son sort, végéter dans un état passif.

B

BAC (dont la corde est rompue), IX, 81. «Vous me paraissez dans un grand *bac dont la corde est rompue*.»—Situation très périlleuse.

BAGUE (courir la), V, 340. «Nous étions accoutumés à *courir la bague*.»— Aller très vite.

Furetière décrit la bague: «Un exercice de manège que font les gentilshommes pour montrer leur adresse, lorsque, avec une lance et en courant à toute bride, ils emportent une bague suspendue au milieu de la carrière, à une potence.»

BAIN (à la Sénèque), V, 326. «Je me suis *baignée à la Sénèque*.»

Bain extrêmement chaud dont parle Sénèque (*Epit.* 86), ou allusion à la mort de Sénèque, dans une étuve brûlante.

BAISE-MAINS, VIII, 3. «Elle vous fait mille *baise-mains*.»

Recommandations et civilités offertes à quelqu'un. Ce mot était employé même par les femmes. Madame de Maintenon (Lettres de Boileau), chargeait l'auteur des *Satires* de faire ses baise-mains à Racine. «On écrivait autrefois aux dames, dit Ménage: je vous baise les mains et suis, etc. On ne souffrirait pas cela maintenant. Malherbe écrivait à une femme qu'il aimait: Je vous baise les pieds.»

BALLOTTER, VIII, 454. «*Je ballotte*.»—Je pelote en attendant partie.

Ménage dit que c'est une métaphore prise du jeu de la paume, où l'on renvoie, à coups de raquette, la balle de tous les côtés.

Ballotter, selon Furetière, se dit quand des joueurs de paume ne font que renvoyer la balle l'un à l'autre et ne jouent point partie.

BAPTISER (difficile à), IX, 592. «Je n'ai jamais vu un enfant si *difficile à baptiser*.»—Madame de Sévigné parle ici des nouvelles bulles annoncées et retardées.

BAPTISTAIRE, X, 266. «Vous allez en avant pour la gaieté, en reculant contre le *baptistaire*.»—L'extrait de l'acte de baptême; au figuré: l'âge.

BARAGOUINER, VI, 442. «Je n'aime pas les *baragouinés* d'Aix.»

Baragouiner, parler d'une façon inintelligible, à la façon des bas-bretons d'autrefois, chez lesquels les mots *bara*, pain, et *guin* ou *gwin*, vin, revenaient sans cesse. Les Français, par dérision, qualifiaient de baragouin leur manière de parler.

BARRE (au-dessous de la), IX, 271. «Un esprit n'est-il pas *au-dessous de la barre* à cet âge?»

Au propre, la barre est la pièce d'un tonneau qui traverse le fond par le milieu. Au figuré: être au-dessous du niveau, comme le vin, qui est au-dessous de la barre du fond du tonneau et qui est de moins bonne qualité.

BIGARRÉS (yeux), I, 509. «Je vis moi-même, de mes propres yeux *bigarrés*.»—De diverses couleurs.

BILLEBAUDE, IV, 454. «C'est une *billebaude*, qui m'est agréable.»—Vie décousue, irrégulière, comme une bille lancée d'une manière hardie.

BLANC-SIGNÉ, *Lettres inédites*, II, 102. «Envoyez votre *blanc-signé*.»— Actuellement: blanc-seing.

BOISSEAU (lumière sous le), VIII, 140. «Voilà de plaisantes *lumières à mettre sur le boisseau*, il faudrait les mettre dessous.» Cf. *Ev. Saint-Mathieu*, VI, 1.—Gens peu éclairés et peu recommandables.

BONHOMME, V, 1. «J'ai vu le *bonhomme* de l'Orme.»—Personne âgée; terme employé souvent autrefois sans manque de respect. (V. Saint-Simon, I, 146).

BOTTÉ A CRU, IX, 41. «N'avoir de la dévotion que ce retranchement (des pièces de comédie) me paraît être *botté à cru*.»—Etre mal équipé, représenter mal.

BOUCHON, IX, 312. «C'est un joli petit *bouchon* qui me réjouit fort.»

Terme de cajolerie, dit Furetière, qu'on donne aux petits enfants et aux jeunes filles de basse condition. Molière l'a employé. (*Ecole des Femmes*, II, 9, *Médecin malgré lui*, I, 59). Dans la *Coquette*, Regnard fait plaisamment dériver bouchon de bouche. On doit rattacher ce mot, dans ses sens divers, d'après Hatzfeld, à l'ancien français bousche, faisceau de branchages et de javelles.

BOUFFE (la), IX, 178. «Il n'a point, avec nous, la *bouffe* de gouverneur.»— Le visage gonflé, l'allure importante.

Ménage définit bouffer: Souffler à puissance d'haleine et les joues enflées. Les médecins, écrit Furetière, appellent bouffe la partie inférieure de la joue, qu'on enfle de vent quand on veut.

BOUFFÉE, VII, 73. «Nous avons une petite *bouffée* d'hombres et de reversis.»

Bouffée: Mouvement à intervalles, flot. Hombres et reversis: jeux de cartes en usage au XVIIe siècle.

BOURRÉ, III, 514. «Si nous les attrapons, ils seront bien *bourrés*.»—Bourrer, faire comme le chien qui poursuit un lièvre, lui donne un coup de dent, lui arrache le poil.

Etymologie: latin populaire *burra*, amas de poils détachés de la peau.

BOUTON (haut), V, 538. «C'est vous qui nous avez mis le *bouton si haut*.»

Mettre le bouton haut à quelqu'un, c'est lui rendre une chose difficile. Cette métaphore paraît tirée de l'escrime, où l'extrémité arrondie du fleuret est appelée bouton ou mouche.

BRAVE, VII, 416. «Vous me faites plus *brave* que je voulais.»—Plus élégante.

Ce mot a deux significations: vaillant et superbement vêtu. L'Académie, au temps de Ménage, le trouvait un peu bas, dans ce dernier sens.

BRÉSILLÉ, IV, 234. «Mandez-moi si vous n'êtes pas *brésillée*.»—Devenue rouge, teinte avec le bois rouge appelé *brésil*.

Autre sens: brésiller, rompre par petits morceaux, réduire en poudre à force de sécheresse.

BRÉTAUDER, II, 117. «Madame de Nevers y vint, coiffée à faire rire. Le Martin l'avait *brétaudée* par plaisir, comme un patron de mode excessive.»—Rogner, couper, tondre irrégulièrement. On disait de même: une pistole brétaudée.

Ménage donne à ce mot, comme origine, les mots latins: *varie tondere*. Plus exactement, Hatzfeld voit son étymologie dans *bertondre*, composé de *bre* ou *ber*, expression péjorative, et de *tondre*.

BRIDE (lâcher la), IX, 307. «Je ne veux pas me *lâcher la bride* à vous parler.»

D'un terme de manège, le mot *bride* est devenu, au figuré, l'obstacle à la volonté ou à la puissance d'une personne.

BRI (de la potence), IX, 295. «Avoir fourni *bri de la potence*.»—Avoir donné contre la potence, dans le carrousel, au lieu d'avoir emporté la bague; avoir manqué son coup.

Madame de Sévigné dit ailleurs: brider la potence. (*Lettres inédites*, I, 47.)

BRIDER SA COIFFE, V. 101. «Si Quanto avait *bridé sa coiffe*.»—Se cacher sous ses coiffes, ne pas se montrer.

Brider, dit Furetière, signifie quelquefois éteindre, serrer, cacher. Exemple: Ce justaucorps est mal taillé, il vous bride trop sur les épaules.

BRILLOTTER, VI, 7. «Il *brillotte* fort à nos Etats.»—Mot propre à Madame de Sévigné; briller en frétillant.

BUISSONS (battre les), VI, 136. «On *bat les buissons* et un autre prend les oiseaux.»

Le mot buisson a pour origine, d'après Ménage, la clôture des jardins, autrefois en buis.

C

CABINET, VII, 428. «On peut trouver le reste assez bon pour être jeté dans un fond de *cabinet*.»—De bureau (Cf. *Le Misanthrope*, I, 1: Il est bon à mettre au cabinet).

CAMP DE MAINTENON, VIII, 466. «Il fait de votre maison un *camp de Maintenon*, dont l'air ne sera pas moins mortel.»—Allusion aux travaux énormes et aux épidémies meurtrières des ouvriers employés au château de Maintenon.

CANAILLES CHRÉTIENNES, IX, 221. «Je crois qu'il se contentera d'aller en Paradis et qu'il ne quittera pas ces *canailles chrétiennes*.»

Ce terme désignait, avec un sens un peu moins méprisant que de nos jours, le bas peuple. Mot attribué à l'orgueilleux évêque de Noyon, Clermont-Tonnerre, dans un de ses sermons.

CARÊME PRENANT, VI, 307. «Je vous trouve heureuse d'être délivrée de *Carême prenant*.»—Carnaval, masque du mardi-gras.

C'est à la fois le moment où le carême prend et l'homme déguisé, appelé, quelquefois aussi, carnaval. (Voir Molière: *Le Bourgeois gentilhomme*, III, 3.)

CASE, V, 186. «La *case* de Brancas.»—Maison, famille, petite habitation.

CHACUNIÈRE, III, 316. «Les filles s'en vont, chacune à sa *chacunière*.»—Demeure particulière, logis.

CHAIR (être à la), X, 118. «Quand vos petits garçons seront *à la chair*.»—Formés et en état d'agir, comme l'oiseau du fauconnier.

CHAMAILLIS, *Lettres inédites*, II, 258. «Vous devriez être en repos de ce premier *chamaillis*.»—Combat en champ clos, puis querelle où l'on se chamaille. (Cf. Saint-Simon, VIII, 233.)

Bruit produit par des gens qui chamaillent, qui se battent. Ce mot n'était plus en usage déjà au temps de Furetière. Chamailler signifiait se battre contre un ennemi armé de toutes pièces, frapper réciproquement sur les armes les uns des autres. Selon Le Héricher (*Les Etymologies difficiles*) ce terme aurait pour origine *cha*, préfixe péjoratif, et *mailler*, battre à coup de maillet. Littré enseigne que l'expression vient de *Camail*, armure de tête. D'après Hatzfeld, l'étymologie serait un mot du latin populaire *clamaculare*, crier, *clamare*, en bonne latinité.

CHANDELLE DES ROIS, II, 268. «Bariolé comme la *Chandelle des Rois*.»

Autrefois, selon Furetière, la veille de la fête des Rois, on brûlait une chandelle riolée (rayée), et piolée (bigarrée), de diverses couleurs.

CHANTER DES OREILLES, IV, 296. «Je les entendais tous qui *chantaient des oreilles*, car je n'ai jamais entendu de sons comme ceux-là.»—Chantaient mal. (Rabelais, *Pantagruel*, V, 27): Les frères ne chantaient que des oreilles.— Ne rendaient aucun son, ne parlaient pas.

CHATTE, *Lettres inédites*, II, 309. «La duchesse faisait comme la femme qui ne pouvait oublier qu'elle avait été *chatte*.»—Traiter quelqu'un avec un abandon familier, comme avant les grandeurs qui ont pu changer l'état, mais non l'ancien naturel de la personne.

CHAUD (trop), IX, 545. «Il prend goût au métier (de la guerre) et ne trouve rien de *trop chaud*.»—Allusion à la chaleur de la bataille.

CHAUDE (à la), II, 532. «J'y fais une réponse à la *chaude*.»—Vivement, à l'instant. (Cf. Saint-Simon, V, 533.)

CHIEN DE VISAGE, III, 78. «Voir toujours votre *chien de visage*.»

Plaisanterie fréquente chez Madame de Sévigné. Allusion au mot de Molière: chienne de face. (*Dépit amoureux*, IV, 47.)

CHIEN ET LOUP, IV, 231. «Je crains l'entre *chien et loup*.»—Début de la soirée, l'heure à laquelle on ne distinguerait plus un chien d'un loup.

CHIEN DE JARDINIER, V, 316. «Un *chien de jardinier* comme lui.»

Un envieux jaloux; il ne mange pas d'une chose et il ne veut pas que les autres y touchent, comme le chien du jardinier qui ne mange pas les choux et en interdit cependant l'approche.

CHRÊME ET BAPTÊME (renier), VIII, 374. «Un homme qui renie *chrême et baptême*.»—Chrême, huile d'olive employée dans certaines cérémonies religieuses.—Ici le sens est: homme qui jure par les choses les plus sacrées.

CLAIRET, *Lettres inédites*, I, 301. «L'autre avait beaucoup de blanc et de *clairet* sur le visage.»—De rouge pâle, qui n'est point naturel.

COCU, V, 483. «Il a permission de prouver qu'il est *cocu*.»

Appellation injurieuse et basse donnée au mari d'une femme infidèle. Ménage soutient que ce nom vient de *Cucullus*, parce que le coucou va pondre dans le nid des autres oiseaux.

CŒUR DE ROI, *Lettres inédites*, I, 277. «Avec un *cœur de roi*, il décide tout, en prenant sur lui ce qui est en contestation.»—Vigueur et élévation de l'âme.

CŒUR (emporter le), III, 155. «Un homme qui *emporte le cœur.*»—Qui entraîne la sympathie et la conviction.

COFFRE (sur le), IV, 5. «Je ne mourrai pas *sur le coffre.*»—Au service du maître, dans les antichambres où les coffres servaient de sièges aux nombreux courtisans de Louis XIV, qui attendaient son lever à la porte de sa chambre.

COFFRES (pesant sur les), VIII, 246. «Il va être un peu *pesant sur vos coffres* et inutile.»—Se dit d'un homme qui est à charge aux autres.

COIN (avoir un), IV, 44. «Il *a un coin* d'Arnauld dans sa tête.»—Une partie des opinions et des sentiments gravés dans la tête.

On dit d'un homme qui a plusieurs qualités, qu'il est marqué au bon coin.

COMMERCE, *Lettres inédites*, II, 201. «S'il a du *commerce* en Flandre.»—Des connaissances et des rapports.

COMPASSÉ, IX, 357. «Les arrangements ont été si bien *compassés.*»—Mesurés comme avec un compas.

COMPLAISANCE, IX, 501. «Elle demanda pardon au Roi de son peu de *complaisance.*»—Déférence à ses volontés.

COQUELUCHONNÉ, VIII, 464. «Des jupes noires si plaisamment *coqueluchonnées.*»

Ce mot vient de coqueluchon, capuchon de moine, en grosse bure.

COQUESIGRUES ou COQUECIGRUES, VI, 453. «Je trouve mille *coquesigrues.*»—Animal fantastique, d'invention burlesque.

Ce serait un poisson (l'anguille de mer), suivant les uns, suivant d'autres, un oiseau fantastique. Au figuré: être chimérique. On dit proverbialement: Cela arrivera quand viendront les coquecigrues. Picrochole (Rabelais, livre I, chap. 99), espérait, d'après une prophétie, que son royaume lui serait rendu à la venue des coquecigrues. Madame de Sévigné donne à ce mot coquecigrue le sens de niaiserie. Dans l'*Intermédiaire des curieux et des chercheurs*, une discussion savante a été publiée en 1907 sur ce mot bizarre. On verra dans les *Mémoires de Madame de Boigne* (III, 170), que Charles X s'étant laissé aller, au jeu, à traiter son partenaire inhabile de coquecigrue, celui-ci s'irrita, et que le souverain, pour le calmer, avoua en riant, qu'il ne savait pas bien lui-même le sens du mot qu'il venait d'employer.

L'étymologie de coquecigrue est inconnue. On a essayé, en vain, de l'attribuer à la réunion des trois mots: coq, cygne et grue.

CORBILLARD, VIII, 280. «Cet aimable *corbillard* qui s'en allait tous les jours faire si bonne chère.»

Grand bateau allant de Corbeil à Paris, puis grand carrosse pour huit personnes de la suite des Princes.

COTHURNE, *Lettres inédites*, II, 409. «Votre rôle est héroïque et d'un *cothurne* qui passe toutes mes forces.»—Eclatant, comme une scène de tragédie.

COTE ROMPUE, VI, 60. «Cette affaire a une *côte rompue*.»—Allusion, dans un cas de rupture de mariage, à la naissance de la première femme tirée de la côte d'Adam qui lui donna ainsi la vie.

COU (rompre le), IX, 566. «On ne peut pas *rompre le cou* à un homme plus agréablement.»—Faire perdre son rang ou sa cause.

COULPE, IX, 557. «Je m'abandonne à Jésus-Christ pour la *coulpe* et les peines.»—Latin: *Culpa*, faute.

COURIR, *Lettres inédites*, I, 300. «Toute la ville me *court*, mais je ne veux pas rendre de visites.»—Courir a ici le sens de poursuivre.

COUSSINET (jeter son), VIII, 405. «La duchesse a toujours voulu M. de Mirepoix; elle y a *jeté son coussinet*.»—S'emparer de quelqu'un, comme on retient sa place dans un lieu public, en mettant un coussin. (Cf. Saint-Simon, X, 211)

COUSU (avec quelqu'un), VI, 350. «Elle n'est point condamnée à être *cousue* avec la Reine.»

COUSUES (bouches), IX, 162. «Voilà donc nos *bouches cousues*.»

COUSU, *Lettres inédites*, II, 16. «Etre moins *cousue* et moins près de moi.»—Moins attachées à l'excès l'une à l'autre.

CRAPAUDS (nourrir des), I, 524. «Les *crapauds* et les couleuvres que vous nourrissez contre moi.»—Au figuré: chose pénible.

On dit encore, dans un sens analogue, avaler des crapauds et des couleuvres.

CREVER, VI, 310. «Ce fils ressortit pour *crever*.»—Exhaler la douleur qui l'oppressait.

CRISTAL (de l'automne), V, 99. «Ces beaux jours de *cristal de l'automne*.»

Allusion à la transparence et à la limpidité de la lumière et de l'air.

CROIX DE L'ÉPÉE (mariage sur la), VIII, 522. «Fait un *mariage sur la croix de l'épée.*»

Croix de la poignée de l'épée; promesse militaire de mariage prononcée en touchant cette arme.

CROUSTILLES, VII, 2. «Les mets de vos *croustilles.*»

Petits repas où l'on casse une croûte, collation légère.

D

DÉBELLER, VIII, 314. «Il y a bien des créanciers à *débeller.*»

Etymologie: latin *debellare*, soumettre par la guerre. (Cf. Saint-Simon, V, 122.)

DEBREDOUILLÉ, VII, 55. «Les trois jours ont *debredouillé* le chevalier.»

Oter la bredouille, faire disparaître la mauvaise chance.—Bredouille, insuccès au jeu ou à la chasse.

DÉCONTENANCEMENT, IV, 376. «Le *décontenancement* de Vardes.»— Trouble qui fait perdre contenance.

DÉGINGANDÉ, IV, 118. «Notre commerce *dégingandé.*»—Allant de travers, interrompu.

«Terme burlesque, dit Furetière, dont on se sert pour se moquer d'une personne malpropre et chiffonnée, ou qui n'a pas une démarche ferme, assurée et modeste.» (Cf. Saint-Simon, X, 186.)

DÉMÉRITER, IX, 528. «Il mérita et *démérita* l'amitié et l'estime de saint Augustin.»

Démériter: perdre ses titres à l'amitié et à la bienveillance de quelqu'un.

DÉMONTER (son esprit), X, 109. «Il faut *démonter* mon esprit.»—Le mettre en place, le calmer.

DÉPLORÉ, *Lettres inédites*, II, 252. «Si les affaires étaient moins *déplorées*, on serait heureux.»—Dans un état moins affligeant.

DÉS (trois), V, 16. «Jouer sa part à *trois dés.*»—A raison de l'indifférence sur le choix à faire ou le parti à prendre. (Cf. Saint-Simon, VIII, 124.)

DÉSASSORTI, V, 243. «C'est une chose toute *désassortie.*»—Qui n'est pas à sa place.

DÉSASSORTISSEMENT, IX, 358. «C'est un *désassortissement* ridicule.»— Etat d'une chose déplacée et sans accord avec le reste.

DÉSOCCUPATION, IX, 525. «Je ne sais si c'est la *désoccupation.*»—Etat de celui qui n'est pas occupé.

DÉSOCCUPÉ, VI, 101. «Il était *désoccupé*.»—Mot vieilli; celui qui ne fait plus rien.

DÉSOPILER (se), III, 342. «M. de Luxembourg ne saurait se *désopiler*.»—Se dégager, ôter les obstructions.

Etymologie: la particule *des* (latin *dis*), et le latin *oppilare*, boucher.—Opiler: obstruer les conduits naturels.

DÉTRAPER, III, 81. «La fortune *détrapera* de bien des gens.»—Débarrasser.

Etymologie: la particule *dé* et *trappe*, piège. On peut rapprocher de ce terme: attraper, resté seul en usage.

DÉVIDER, VI, 390. Je vous parcours, je vous *dévide*, je vous redévide.»

Dévider: dérouler, développer, parcourir.

DIAMANT, *Lettres inédites*, I, 244. «Il y aurait un *diamant* pour celui qui ferait les noces de sa cousine.»—Cadeau honorifique, sens rare au XVIIe siècle.

DIANTRE, III, 184. «Il fait un temps de *diantre*.»—Altération arbitraire du mot diable qu'on évitait de prononcer au XVIIe siècle.

DIEUX (les), *Lettres inédites*, II, 520. «Cette pensée hante les gens accoutumés à n'avoir que les *dieux* au-dessus de leur tête.»—Les fils et petits-fils de Rois. (Cf. La Bruyère, *Caractères*, ch. II.)

DILATER, VIII, 256. «Je souhaite de voir votre cœur *dilaté* et dans la paix.»—Le cœur plein d'expansion par la joie.

DISEUR, IV, 5. «Je ne suis pas un *diseur*.»—Bavard qui répète d'inutiles paroles. (Cf. Molière, *Le Misanthrope*, I, 1.)

DISPOSITION, IV, 482. «C'est une légèreté, une *disposition*.»—Qualité de ce qui est dispos, agile.

DIXIÈME (le) DE MAI, V, 436. «*Le dixième de mai*.»—Au lieu de, le dix mai. Ancienne formule.

DOMESTIQUE (le), *Lettres inédites*, I, 247. «Il ne faut pas que le *domestique* soit déguenillé.»—Ici les gens de service.

Domestique avait au XVIIe siècle un sens beaucoup plus étendu et il s'appliquait à tous ceux qui étaient attachés à une personne à un titre quelconque, dans l'intérieur de la maison.

DRAGONS, V, 169. «Ne vous faites pas de *dragons*.»—Fantômes chimériques, craintes vaines.

DRU, III, 462. «Jamais vous n'avez vu une mariée si *drue*; elle va droit à son ménage.»

Dru: au propre, qui a des pousses nombreuses et serrées. Dru est aussi un terme de fauconnerie qui se dit d'un oiseau prêt à s'envoler du nid. Au figuré, dru signifie: déjà crû, qui se porte bien, vigoureux, gaillard.

E

ÉBAUBIS, V, 422. «Ces deux historiens plus *ébaubis* que vous.»

Ebaubi: interdit au point de bégayer. Ebaubi est le participe passé de l'ancien verbe ébaubir, rendre baube. *Baube* veut dire *bègue* dans le vieux français et vient du latin *balbus*.

ÉCUELLE (pleuvoir dans l'), *Lettres inédites*, II, 99. «Il a bien *plu dans l'écuelle* de vos cadets.»—Pensions accordées, avantages advenus, successions opulentes, etc.

ÉCUMER, V, 274. «*Ecumer* votre chambre.»—Débarrasser de fâcheux incommodes.

ÉCUMER LE POT, VI, 164. «Je laisserai *écumer mon pot* à qui voudra.»—Qui voudra fera les honneurs de chez moi.

EFFERVESCENCES D'HUMEUR, IX, 146. «Des *effervescences d'humeur*, voilà un mot dont je n'avais jamais entendu parler, mais il est de votre père, Descartes.»—Bouillonnements de l'âme.

ÉMERILLONNÉE, V, 208. «Cette petite *émerillonnée*, cette petite infante.»—Vive comme un émerillon (petit faucon).

EMMAIGRIR, VI, 265. «Le café *emmaigrit* l'autre.»—Mot vieilli, remplacé par amaigrir.

EMMANCHER, VII, 477. «Une suite de pensées *emmanchées* à gauche.»—Fausses, mauvaises, contraires à la droiture.

ÉNERGUMÈNE, *Lettres inédites*, II, 427. «Je connais le mot d'*énergumène* pour 40 l'avoir lu en bon lieu et dans le Nouveau Testament, quand Notre-Seigneur fait sortir les démons de ces possédés, en les appelant énergumènes; mais quel mot pour un bout rimé!»

Ce mot, dit M. Capmas, n'était encore, au XVIIe siècle, qu'un terme de théologie; il se trouve chez des annotateurs de l'Evangile et point dans le texte. Ménage et Furetière mentionnent tous deux cette expression de laquelle se servaient les ecclésiastiques pour désigner un possédé du diable qu'ils exorcisaient.

ENTÊTER, IX, 479. «Ce que vous me mandez, achève d'*entêter* mon fils.»—Occuper la tête d'une idée, donner une prévention aveugle, étourdir, attacher à une opinion.

ÉPÉE (MOURIR D'UNE PLUS BELLE), IX, 467. «*Mourir d'une plus belle épée.*»—Faire une fin honorable et brillante.

ÉPLUCHEUR D'ÉCREVISSES, V, 266. «Vous appelez Dom Robert «un *éplucheur d'écrevisses.*»—Auteur d'écrits subtils qui ressemblent aux écrevisses, où il y a plus à éplucher qu'à manger.

ESCABELLES, VIII, 17. «La mort venait déranger ses *escabelles.*»—Rompre ses desseins. (Cf. Saint-Simon, XVI, 119.)

ESCARMOUCHER, VII, 85. «*Escarmouchez* avec lui.» (Cf. Saint-Simon, IX, 21.)

Etymologie: italien *Scaramucca*, qu'on peut rapprocher du nom propre Scaramouche.

ESCOUSSE, VIII, 485. «Ne prenez pas de si loin votre *escousse.*»—Action qui prépare à mieux sauter, élan. (Cf. Saint-Simon, VI, 434.)

ESTOC, IV, 177. «Je voudrais le marier à une petite fille qui est un peu juive de son *estoc.*»—De sa souche, de sa race, de sa ligne d'extraction.

Au propre: souche d'arbre, tige. Au figuré: origine d'une famille. Etymologie germanique.

ÉTOILE DU ROI, IX, 505. «Je demande en grâce, à l'*étoile du Roi*, de nous ôter le prince d'Orange.»

Etoile: astre qui, au moment de la naissance d'un homme, exerçait une influence sur sa destinée.

ÉTRANGLANTE (raison), IX, 222. «C'est une *raison étranglante.*»—Qui comprime, arrête et tue.

EXAGÉREUSE, II, 281. «N'avez-vous pas quelque *exagéreuse* comme celle-ci.»

Exagéreur: celui qui va en pensée ou en action au delà de toute mesure.

F

FAGOT D'ÉPINES, VI, 155. «Elle n'est rien moins qu'un *fagot d'épines.*»—Une personne qu'on ne sait par quel bout prendre.

FAGOTAGE, III, 366. «N'admirez-vous pas le *fagotage* de mes lettres? Je quitte un discours et tout à coup je le reprends.»—Composition négligée.

IV, 104. «Peut-on voir un plus beau *fagotage*?»—A propos de la réunion de choses contraires.

IX, 262. «Il aurait fallu faire un *fagotage* de réconciliation.»—Bâcler un accord, rétablir d'anciens liens.

FAIRE FROID, I, 346. «*Faire froid*, au dernier point, à une personne.» On dit à présent: *battre froid*.

FAISEUR DE FILLES, I, 357. «Le beau *faiseur de filles*.» Raillerie de Madame de Sévigné à l'égard de Bussy-Rabutin.

FANTAISIE MUSQUÉE, VI, 17. «Quelle *fantaisie musquée*.»—Affectée.

FAVORI SANS MÉRITE, V, 493. «Vous savez ce bon mot sur Versailles, ce *favori sans mérite*.»

FERS (Qualité entre deux), VI, 222, «On trouvait la qualité *entre deux fers*, pour entrer dans le carrosse de la Reine.»—Qualité insuffisante. Une pièce de monnaie, qu'on pèse et qui ne trébuche pas, est dite entre deux fers.

FEUILLE QUI CHANTE, V, 232. «Il y a de la *feuille qui chante* à ce mélange des dieux et des hommes.»

Locution remarquable, répétée à plusieurs reprises par Madame de Sévigné. Au lieu de peindre l'oiseau chantant dans les arbres et les bois, elle prête aux feuilles qu'elle anime le rôle du chanteur ailé. On a dit qu'elle avait ainsi fixé le premier moment de la perception, celui où l'on perçoit à la fois le feuillage et le chant. Louis Bouilhet appliquant cette pensée à une fleur et à un oiseau exotique, a écrit de même:

Et l'on ne sait pas quand on les voit ensemble,
Si c'est la fleur qui chante ou l'oiseau qui fleurit.

FICHÉ, *Lettres inédites*, II, 28. «Cela s'est *fiché* dans ma tête.»—Enfoncé par la pointe.

FICHU, VII, 302. «C'est beaucoup de n'avoir pas l'esprit *fichu*, ni de travers.»—Mal ordonné, déplaisant.

FIGÉ, III, 499. «Pour *figées*, mes lettres ne le sont pas.»—Synonyme ici de glacées.

FONTAINE, IV, 109. «Un petit page devenait *fontaine*, en pleurant.»—Pleurs qui coulent comme d'une source.

FONTANGE, VIII, 322. «Vous me faites horreur avec cette *fontange*.»—Nœud de rubans porté au-dessus du front, mis à la mode par Mademoiselle de Fontanges.

FORLONGER (se), III, 514. «Ils se *forlongent*.»—Tirent en longueur, comme une bête chassée qui s'éloigne de son séjour ordinaire. (Cf. Saint-Simon, VI, 296.)

FRANCE (la), II, 173. «Nourrir *la France*.»

VIII, 288. «Toute *la France* vint lui faire compliment.»

Toute la Cour, tout ce qui comptait en France, au XVIIe siècle. Saint-Simon emploie fréquemment cette expression dans ce sens.

FRATÉ, IV, 163. «Une manière de *fraté*» (pour frater, frère).

FRÉTILLER, *Lettres inédites*, II, 165. «Les mains lui *frétillent.*»

Frétiller: s'agiter comme une anguille. (Cf. Saint-Simon, XIV, 197.)

FRICASSÉ DANS LA NEIGE, VII, 55. «Il aurait mieux valu être *fricassé dans la neige.*»

Allusion au mot célèbre de Ninon, qui disait de Ch. de Sévigné que c'était une citrouille fricassée dans la neige.

FRUST (chevaux), IX, 87. «*Chevaux frust.*»—Fringants; chevaux de carton en usage dans les fêtes populaires de la Provence.

FURIES (battu des), IV, 508. «Il ne serait pas *battu des furies.*»—Tourmenté par les remords.

FUSÉE, VIII, 55. «Il faut que cette *fusée* soit démêlée.»

Au propre: quantité de fil roulée autour du fuseau, ou même fuseau. Au figuré, ici: Question à éclaircir et à débrouiller.

G

GAGNER (pays), VI, 236. «Il vaut bien mieux *gagner pays.*»—Prendre de l'avance. (Cf. Saint-Simon, VII, 72.)

GALERIES (faire ses), VII, 62. «La Princesse *fait ses galeries*, de Vitré ici.»

Locution proverbiale désignant, autrefois, un chemin qu'une personne suit souvent et sans peine.

GARGOTIER, *Lettres inédites*, II, 190. «Vous pouvez faire des reproches au cuisinier de M. de La Garde, du *gargotier* qu'il vous avait envoyé.»

Gargote vient de l'ancien français gargate, gosier. Lieu où on remplit le gosier d'aliments.

GAUDEAMUS, VII, 458. «Nos petits hommes soupaient en *gaudeamus.*»— Débauche familière et chant bachique à table. Mot latin signifiant: Réjouissons-nous!

GODENOT, VII, 443. «Le petit prince, habillé comme un *godenot.*»

«Petite figure ou marionnette, dit Furetière, dont se servent les charlatans pour amuser le peuple. Se dit aussi, par dérision, de personnes laides et mal faites, des figures mal taillées ou défigurées.»

GODINEMENT, VII, 427. «Vous pouvez aller coucher *godinement* à Fougères.»—Mot d'origine bretonne: gaiement, gentiment.

GODRONNÉ, IX, 300. «De la vaisselle toute neuve, toute *godronnée*, au fruit.»

Godronné: orné de figures en relief.—Godron, ornement fait aux bords des vaisselles d'argent, en forme d'œuf allongé.—Au fruit: au dessert.

GONFLÉ (de vision), VII, 494. «Un homme *gonflé de vision*.»

GORGE (coupée), VI, 6. «Ne laissez point vivre ni rire des gens qui ont la *gorge coupée* et qui ne le sentent pas.»

GORGE (rendre sa), *Lettres inédites*, I, 253. «Elle *rendait un peu sa gorge* le matin.»—Expectorer de la salive, de la bile.

GRAPPILLER, IX, 367. «Lire en *grappillant* les endroits plaisants.»

Grappiller: cueillir des petites grappes, des grappillons; faire des petits profits, peu à peu.

GRAS (des jambes), IV, 181. «Avoir mal au *gras des jambes* sur un sujet.»—En entendant un discours importun qui fait perdre patience à l'auditeur et l'agite.

GRATIS (le), IX, 374. «Le pape donne *le gratis*.»—Ne fait rien payer pour les bulles de nomination à une abbaye ou autre fonction ecclésiastique.

GRIMAUDAGE, VII, 350. «Otez-vous de l'esprit tout ce *grimaudage* d'une femme blessée.»

Grimaudage: verbiage pédantesque d'un petit maître d'école.

GRISETTE, *Lettres inédites*, II, 263. «Je m'en vais consulter pour une *grisette*.»—Habit de petite étoffe grise.

GRISONS, VII, 357. «Les *grisons* vous sont inutiles: je vous dirai toujours la vérité.»—Gens de service, habillés en gris, pour les cas de missions secrètes.

GUENILLON, VI, 162. «Je vous mandai par un petit *guenillon* de billet.»—Ici, petit lambeau d'écriture.

GUERRE (en) ET EN MARCHANDISE, IX, 272. «Il se vante d'avoir vu le chevalier *en guerre et en marchandise*.»—Comme soldat et comme homme privé.

Métaphore tirée d'un vaisseau équipé moitié pour la guerre, moitié pour le commerce.

H

HURLUPÉ, II, 172. «La tête nue et *hurlupée*.»—Hérissée.

On écrivait autrefois, *hurupé*, qui venait de hure, poil de la tête.

I

INHUMANITÉS, IX, 507. «Je suis impitoyable à ses longues et cruelles froideurs, pour ne pas dire *inhumanités*.»

INTERLOQUÉ, IX, 404. «Cela ne peut entrer dans ma tête; cet article est *interloqué*.»

Mot emprunté au langage du droit. Le plaideur est interloqué quand le jugement est suspendu jusqu'à ce que la preuve soit fournie. Il faut procéder d'abord à l'exécution d'une mesure préparatoire, dite interlocutoire, parce qu'elle préjuge le fond.

Etymologie: latin *interloqui*: interrompre.

J

JAMBON (tranches de), IX, 182. «Il marquait les feuillets de son bréviaire avec des *tranches de jambon*.»—Prélat épicurien, ne songeant qu'à sa table.

JOBELIN, I, 544. «Je ne sais pas ce que j'aurais fait d'un *jobelin* qui eût sorti de l'Académie.»—Un niais.

Au XVIIe siècle, on appelait jobelins les partisans du sonnet de Job, composé par Benserade, qu'on opposait alors à celui d'Uranie, écrit par Voiture, en 1638.

JOIE NOYÉE, VII, 529. «Une *joie noyée* de tant de larmes.»

JOLI, *Lettres inédites*, II, 29. «Vous êtes trop *jolie* de m'avoir envoyé.»—Trop aimable, trop obligeante.

Ce sens est encore usité dans le langage populaire de la Bretagne.

L

LA, *Lettres inédites*, II, 85. «N'êtes-vous point effrayée; je *la* suis.»

On écrit actuellement *le*, sans faire accorder le prénom.

LAMBEL, I, 357. «Je vous réduirai au *lambel*.»

Brisure des armoiries des branches cadettes. A la partie supérieure de l'écu, on traçait un filet horizontal.

LANTERNERIE, VII, 452. «Mon fils a une petite *lanternerie* d'émotion qui l'a empêché d'aller aux Etats.»

Retard dans l'exécution d'un acte ou chose de minime importance.

LÉ (tout de), VII, 269. «Elle perdit hier son procès tout de long et *tout de lé*.»

Lé, largeur, vient du latin *latum*.

LÉGÈRE (repas à la), II, 222. «Nos repas ne sont pas *repas à la légère*.»—Peu substantiels.

Madame de Sévigné cite, en le modifiant un peu, un vers de La Fontaine: (V. *l'Aigle et le Hibou*, V, 18.)

LIBERTINE, V, 551. «Je suis tellement *libertine*, quand j'écris.»—Affranchie de toute règle, suivant uniquement son caprice.

Lettres inédites, II, 11. «L'expérience va vous rendre plus *libertine* que jamais.»—Plus indépendante d'esprit et de caractère.

LIE (la), VII, 458. «*La lie* de l'esprit et du corps est humiliante à soutenir.» (Cf. Saint-Simon, XIV, 9.)

LIE (de la vie), X, 344. «Il est rare que la fin et la *lie de la vie* n'en soient humiliantes.»

LIÈVRE AU CORPS (prendre le), IX, 192. «Cette affaire est pressante et *prend le lièvre au corps*.»

C'est une question urgente qui doit être tranchée sans hésitation. Furetière enseigne que prendre le lièvre au corps, signifie prendre une affaire de bon biais, donner la décision d'une question.

LOIN (de), *Lettres inédites*, II, 23. «Il ne pourra *de loin* quitter la Méditerranée.»—De longtemps.

LOPE (Es de), VII, 516. «Il y a un certain caractère de finesse et de facilité qui fait toujours crier: *Es de Lope*.»

Proverbe espagnol: c'est de Lope, c'est parfait.

LOUP (gueule au), IX, 521. «Mon fils est à la *gueule au loup*.»—Dans une position dangereuse.

C'est une métaphore analogue à celle du proverbe latin: tenir le loup par les oreilles.

M

MAITRE-GARÇON, X, 168. «Je veux qu'il laisse le maréchal de Bellefonds, comme son *maître-garçon*, pour le conduire dans la suite des remèdes.»—Auxiliaire du médecin, son premier élève autrefois.

MACHONNER, VII, 270. «Son amie *machonne* quelque chose d'un pèlerinage.»—Mâcher avec difficulté.

Par analogie, parler avec embarras.

MAILLOT, VIII, 277. «Ce petit garçon n'est plus ce petit *maillot* de Madame de Coulanges.»—Jeune enfant encore dans les langes. (Cf. Saint-Simon, IV, 59.)

MAIN (à la), V, 227. «La promenade est si fort *à la main*.»—A portée. (Cf. Saint-Simon, IV, 70.)

MAIN (la), VIII, 406. «Le roi d'Angleterre ne donne pas *la main* à Monseigneur.»—La droite. (Cf. Saint-Simon, II, 285.)

MAIN (séchée), VIII, 331. «Il leva la main, la *main ne lui sécha pas*.»

Voir la Bible, les Rois, XIII, 6.

MANGER (son pain bénit), V, 352. «A-t-il besoin de cette conduite, d'un changement de corbillon, pour *manger son pain bénit?*»

Corbillon, petite corbeille pour les gâteaux. Allusion à ce proverbe: «*Changement de corbillon fait appétit de pain bénit,*» fait trouver le pain bon.

MANGER (le chagrin), *Lettres inédites*, II, 416. «*Mangeant le chagrin* de la lenteur du cheval.»

On dit actuellement: dévorer le chagrin, avec le même sens.

MANGER L'ARTICLE, IX, 519. «Me permettre de *manger l'article*.»

Madame de Sévigné veut écrire: la comtesse Dalet, au lieu de la comtesse *de* Dalet.

MANGERIE, VII, 2. «L'étoile de la *mangerie* s'est mise en ce pays.»

Action de manger abondamment.—Terme vieilli.

MARAUDAILLE, V, 36. «Ces *maraudailles* de Paris.»—Canailles, réunions de marauds.

MARGUERITES (devant les pourceaux), VII, 227. «C'étaient des *marguerites devant les pourceaux.*»

L'Evangile de saint Mathieu parle de perles, en latin *margaritas*. (Cf. Saint-Simon, XIII, 275.)

MARIONNETTE (de guerre), III, 286. «Cette *marionnette de guerre.*»—Simulacre.

MARTEAU (coup de), IX, 138. «J'aime qu'un *coup de marteau* ne soit pas votre maître.»—Elle préfère la liberté de la vie, et des repas.

MASQUES, JE VOUS CONNAIS, X, 279.

Reproche fait à des gens anoblis. On trouvera dans notre livre intitulé: *Vie et esprit d'Achille III de Harlay*, le récit complet de la scène à laquelle Madame de Sévigné fait allusion.

MEZZO-TERMINE, IX, 183. «*Les Mezzo-termine* ne lui manquaient pas.»—Les moyens termes. (Cf. Saint-Simon, VIII, 4.)

MIE, *Lettres inédites*, I, 262. «Je serai ravie d'embrasser ma petite *mie*.»

On disait jadis: m'amie, pour mon amie, et, par un diminutif familier, mie. (Cf. Saint-Simon, I, 340.)

MIGNON (plaisant), I, 356. «Vous êtes un *plaisant mignon* de ne m'avoir pas écrit.»

Personne qu'on chérit, à qui l'on trouve du charme dans sa petitesse.

MIRODER, IV, 533. «Elle fut *mirodée*.»

Mot breton: ajuster avec soin. On écrit aussi: miroter et mirauder.

MITONNER, V, 259. «Cela s'appelle *mitonner* les dames.»—Préparer doucement, entourer de petits soins, choyer.

MORGUER, III, 130. «L'autre vous *morgue*.»—Morguer: braver par des regards méprisants, regarder fixement. (Cf. Saint-Simon, III, 205.)

MOUFLER, IV, 487. «Ces dames sont bonnes à *moufler*.»

Moufle: visage rebondit, gras; moufler, prendre le nez et les joues à quelqu'un pour lui faire boursoufler les joues.

MOULIN A PAROLES, VI, 223. «Elle fait joliment tourner son *moulin à paroles*.»

Babillarde à la langue intempérante, qui fait grand bruit, qui parle sans arrêt, comme un moulin qui tourne.

MOUSTACHE (passer sur la), V, 341. «Ce téméraire cocher nous *passa sur la moustache*.»

L'emporter sur quelqu'un par une action hardie. Furetière nous apprend que le terme moustache ne se disait pas seulement de la barbe, mais aussi des cheveux qu'on laissait croître et pendre à côté des joues. Les femmes avaient des moustaches bouclées qui leur pendaient le long des joues, jusque sur le sein. On faisait la guerre aux servantes et aux bourgeoises, quand elles portaient des moustaches comme les demoiselles.

N

NEUF, IV, 118. «Elle est dans son *neuf*.»—Neuvième mois de grossesse.

NUES (monter aux), IX, 548. «Les moindres intérêts de son fils la faisaient *monter aux nues*.»—Avoir les plus grandes ambitions.

NUES (sauter aux), I, 470. «Je *saute aux nues*, quand je pense à cette infamie.»

On dit, à présent, sauter en l'air avec le même sens.

O

OILLE, X, 117. «Elle fit de plus une *oille*.»

Espagnol: *olla*, potage où il entre toutes sortes de viandes et de légumes. (V. Saint-Simon, XVIII, 163.)

OISEAU (battu de l'), VI, 333. «Vous êtes encore trop *battus de l'oiseau*.»—Eprouvés par le malheur, rebutés par les insuccès. (Cf. Saint-Simon, IV, 107.)

OLIVE (rameau d'), V, 522. «Le *rameau d'olive* qui fit reconnaître que la terre était découverte.»

Ancienne forme «d'olivier». On disait autrefois: Jésus au jardin des olives.

OMBRE (sous), I, 405. «*Sous ombre* que vous écrivez comme un petit Cicéron.»—Sous l'apparence que. Latinisme.

OPÉRA, IX, 540. «Ce sont des sonnets, c'est un *opéra* pour moi.»

Opéra signifiait jadis œuvre capitale. Scarron écrivait: «Vos lettres sont des choses admirables, dignes d'être apprises par cœur, en un mot, ce qu'on appelle des *opéras*.» Ici le sens est: chose rare, difficile.

OREILLE (droite), III, 166. «C'est l'*oreille droite* qui corne quand on dit du bien.»—On dit proverbialement de même: les oreilles lui tintent, lui donnent la sensation d'une cloche qu'on frapperait.

OREILLE (faire l', d'un enfant), *Lettres inédites*, II, 521. «C'est un *enfant dont j'aurai fait l'oreille*.»—Participation à la naissance d'une affaire. (Cf. La Fontaine, *Contes*, II, 17.)

P

PACOLET, *Lettres inédites*, II, 421. «Peut-on souhaiter un plus joli *Pacolet*?»—Personnage des anciennes féeries remplissant le rôle de messager.

PAILLER, VIII, 109. «Il est difficile de contester un homme sur son *pailler*.»

Pailler, cour de ferme pleine de paille. On dit qu'un homme est sur son pailler, quand il paraît le plus fort, comme étant chez lui, dans sa maison. Mot d'origine picarde: paillé, terrain.

PAILLE (lever la), II, 329. «Il y avait une basse Brette qu'on nous avait assuré qui *levait la paille.*»

Lever la paille: Allusion à la vertu de l'ambre, qui attire les corps légers. Au figuré: avoir du succès. (Saint-Simon, XVII, 207.)

PAIN (de feuilles et de fougères), X, 151. «Il est sur le point de manger du *pain de feuilles et de fougères.*»—Etre dans la gêne.

PANADER (se), II, 431. «Le voyant *se panader* dans les occupations qu'il lui donnait.»—Faire le paon. (Cf. Saint-Simon, III, 336.)

PANERÉES (de tétons), II, 173. «Il lui semblait toujours voir des *panerées de tétons.*»—Contenance d'un panier plein.

PANTOUFLERIE, VI, 515. «La *pantouflerie* ne vous déplairait pas.»

Pantoufle: raisonnement ridicule, bavardage à tort et à travers.

PAPIER MARQUÉ, *Lettres inédites*, I, 327. «Vous seriez riche, si vous lui rendiez le *papier marqué* et qu'il ne pût faire ses copies ailleurs.»

Papier frappé de l'impôt du timbre, établi par Mazarin. Ce mot est resté dans le langage populaire, pour indiquer notre papier timbré.

PARADIS (par delà le), V, 69. «Il voulait aller *par delà le Paradis.*»—Mourir.

PAROLI, VIII, 324. «On ne peut vous donner le *paroli* de cette sottise.»

Terme de jeu indiquant le double de la première mise; faire paroli, au figuré, signifie renchérir. Mot d'origine italienne.

PARIS DE TRAVERSE, IX, 2. «Vaquer à tous les *paris de traverse*, qui arrivent chaque jour.»—Paris qui ne sont pas du courant du jeu qu'on joue.

PARTIE (coup de), VII, 127. «Votre voyage est un *coup de partie* pour votre maison.»

Le coup de partie est celui qui décide du gain de la partie, au jeu. Au figuré, événement décidant du succès.

PASSADE, VII, 422. «Je reviens à la *passade.*»—Sur mes pas; terme d'équitation.

PATERNITÉS, *Lettres inédites*, II, 196. «Le bon abbé vous dit mille *paternités.*»—Tendresses paternelles.

PÊCHER, I, 389. «Où avez-vous été *pêcher* ce monsieur le Grand-Prieur?»—Terme familier: chercher, prendre.

PERSONNE (une), VI, 351. «C'est *une personne.*»

Une femme digne de ce nom, comme on dit: c'est un homme.

PÉTILLER, *Lettres inédites*, II, 276. «Le duc de Charost *pétillait*.»—Laissait échapper des signes de vive impatience. (Cf. Saint-Simon, IX, 82.)

PETIT POT A PART, VII, 206. «Notre ami a fait son *petit pot à part* pour vous écrire.»—Agir de son côté, faire seul sa petite cuisine.

PÉTOFFE, III, 276. «C'est la grande *pétoffe* de l'Europe.»

Mot de la langue d'oc: médisance, tracasserie, sornette, inutilité.

PIEDS DE DERRIÈRE, IV, 376. «Je me promène sur les *pieds de derrière* comme un autre.»—Elle recommençait à marcher, après une maladie.

PITAUDE, IV, 458. «Vous êtes une vraie *pitaude*.»

Pitaud, terme injurieux qu'on dit aux gens grossiers qui ont des manières de rustres. On appelait pitauds des paysans levés pour aller à la guerre (Furetière). La Cour du roi Pétaud, restée proverbiale, est plutôt celle du roi des Pitauds, d'après certains auteurs.

PLAIT-IL MAITRE? VII, 217. «Vous voilà de seigneur devenu: *Plaît-il maître?*»—Subalterne, inférieur, obligé de demander pour toutes choses une permission. (Cf. Saint-Simon, XI, 410.)

PLUCHE, IX, 550. «Certaines prières nouvelles que nous appelons de la *pluche*.»

Madame de Sévigné, en disant ses anciennes prières, épluchait les prières nouvelles, ainsi qu'on enlève les parties inutiles d'un objet.

POING (être sur le), III, 183. «*Etre sur le poing* de M. de Marseille.»—Etre accompagné, tenu en bride, comme un faucon de chasse.

POINT (se faire un), VI, 379. «Elle s'est *fait un point* de vous estimer.»—Une obligation principale.

POIS CHAUDS (manger des), VI, 65. «Sur cela je *mange des pois chauds*, dans ma réponse, comme disait M. de La Rochefoucauld.»

Manger des pois chauds, hésiter, ne savoir que répondre, comme le mangeur qui craint de se brûler et va lentement.

PONT-NEUF (faire le), *Lettres inédites*, II, 503. «Cet état n'est pas obligeant pour une famille qui croit avoir *fait le Pont-neuf* pour une prompte décision.»

Expression proverbiale: faire le Pont-neuf, faire des merveilles.

PORTE FERMÉE, *Lettres inédites*, II, 108. «Tenant sa *porte fermée* et dansant.»—Bouche fermée.

PORTES (tomber les), VI, 288. «Etre dans la foule, après avoir vu *tomber les portes* devant soi.»—Avoir eu accès dans les plus hautes places, n'avoir été arrêté par rien.

PORTATIF, X, 46. «On n'est point *portatif*, quand on est attaché inséparablement à deux ou trois personnes; on ne saurait faire des courses légères.»—Portatif: d'un déplacement facile.

PORTER (sur les épaules), VII, 293. «Elle nous *portait tous sur ses épaules.*»—Nous étions pour elle un fardeau déplaisant.

POTÉE (de souris), IV, 29. «Elle est comme une *potée de souris.*»

Ce que contient un pot. On dit proverbialement: éveillée comme une potée de souris.

POUILLIER, VI, 43. «Ils couchèrent dans un *pouillier.*»—Taudis.

POUSSER (le temps à l'épaule), *Lettres inédites*, II, 278. «Je *pousse le temps à l'épaule*, comme vous.» (V. Saint-Simon, VIII, 114.)

PRESSE (faire la), VI, 312. «Elle n'allait pas *faire la presse* parmi cette famille.»—Se mêler à la foule.

PRIME (petite), V, 20. «C'est tirer son jeu à *petite prime.*»

Il y avait la grande et la petite prime; ces jeux différaient par le nombre de points.

PRONERIES, *Lettres inédites*, I, 348. «Je vous demande mille excuses des ennuyeuses *prôneries* où je me suis embarquée.—Prédications exagérées.

PUCE (saut d'une), IX, 411. Le soleil remonte du *saut d'une puce.*»

Proverbe: Le 13 décembre, jour de la sainte Luce, les jours commencent à croître du saut d'une puce.

Q

QUANTOVA, *Lettres inédites*, II, 159. «J'ai trouvé ici ce livre français que Vardes vous apporta en italien: *La pedina del Re quanto va.*»

Pedina signifie *pion* et aussi *maîtresse*. Au jeu des échecs, en Espagne, on disait: le *pedina (ou lo pedino) del Re quanto va*. Quand marche la pionne (ou le pion) du roi, c'est toujours devant lui. Est-ce en souvenir du titre de ce livre que Madame de Sévigné désigna Madame de Montespan sous le nom de *Quantova*, ou de *Quanto?*

Quantova est-il un terme de jeu: De combien allez-vous? Madame de Montespan étant fort joueuse, l'allusion pourrait se comprendre. Le sens serait-il plus simple: Combien durera ce nouvel amour du Roi? Il est difficile de trouver le mot de l'énigme.

Madame de Sévigné écrit ailleurs: VII, 324. «Je vais me promener *quanto va*.»—Tant que cela va.

QUINOLA (à prime), IX, 107. «Notre ignorance s'en accommoderait comme d'un *quinola à prime*.»

Quinola, mot espagnol, indique le valet de cœur au jeu de reversis et de la petite prime. Quinola à prime est le coup gagnant.

R

RABUTINAGE, IV, 518. «Voyez si vous écrirez un mot en faveur du *rabutinage*.»

Parenté des Rabutin, du côté de Madame de Sévigné, née Marie de Rabutin-Chantal.

RADOTERIE, IV, 91. «Je suis loin de la *radoterie* qui fait passer l'amour maternel aux petits enfants.»

Habitude de radoter, de tenir des propos qui dénotent un affaiblissement de l'esprit.

RAFRAICHISSEMENT, VI, 502. «Je ne puis concevoir le château de Grignan comme un lieu de *rafraîchissement*, pour vous.»—Lieu de repos qui refroidit et apaise l'irritation.

RAIES (petites), VIII, 378. «J'aime mes *petites raies*; elles donnent de l'attention.»

Traits dans l'écriture, pour mettre en relief certains passages d'une composition.

RAPAISER, I, 365. «Vous vous servez de cette finesse pour me *rapaiser*.»—Ramener à la paix, adoucir quelqu'un, faire passer sa colère.

RAPATRIER (se), IX, 13. «Le nez de M. de Gesvres s'est *rapatrié* avec celui des Béthune.»—Se rapprocher, se réconcilier.

RASOIRS (marcher sur des), VII, 222. «Tout le monde disait que c'était *marcher* sur des charbons ardents, *sur des rasoirs*.»—Traverser une passe difficile et périlleuse.

RAVAUDER, V, 182. «Vouloir *ravauder* à Rome sur le relâchement.»—Rapiécer, rabâcher, tenir des propos futiles.

RAVAUDERIES, IV, 238. «Recueillir toutes les *ravauderies*.»—Niaiseries, rabâchages.

RAVISSEMENTS, III, 78. «Il a écrit des *ravissements* de votre beauté.»

Etat d'une âme transportée d'enthousiasme. Molière a dit de même: «Et vos ravissements ne prendraient pas de fin.» (*Tartuffe*, I, 15.)

RECOGNER, VII, 396. «Tant de sérosités y avaient été *recognées* par les eaux froides.»—Remettre au coin, repousser.

RECOMMENCEUR, I, 397. «L'amour est un vrai *recommenceur.*»

Mot de Bussy-Rabutin, écrit à Madame de Sévigné.

REDISEURS, *Lettres inédites*, II, 234. «Dites à vos *rediseurs* que vous les nommerez puisqu'ils sont si assurés de ce qu'ils redisent.»—Ceux qui répètent ce qu'ils ont appris.

REDRESSER, IX, 457. «*Redressez* vos pensées.»—Relever, remettre dans l'état normal.

REGRATTER, IX, 317. «Je vous défie de trouver à *regratter* là-dessus.»—Gratter de nouveau, en épluchant les comptes.

RÈGLEMENT, *Lettres inédites*, II, 201. «Manger un peu *règlement.*»—D'une façon régulière, sans écart.

RELAISSER (se), III, 513. «Ils se *relaissent.*»—Comme une bête qui a longtemps couru, s'arrête de lassitude. (Cf. Saint-Simon, I, 413.)

RELEVER (de sentinelle), V, 62. «Les Jansénistes le *relevèrent de sentinelle.*»

Retirer d'un poste, en le gourmandant, un mauvais soldat qui est remplacé dans son service.

RELIQUE VIVANTE, IV, 469. «On m'a toujours appelée *relique vivante*, à Sainte-Marie.»—A cause de Madame de Chantal, sa grand'mère.

REMPART (mettre sur le), VI, 415. «Si je voulais *mettre* une fille *sur le rempart.*»—En faire une fille galante, une femme des boulevards, dirions-nous.

REMUEUSE, VIII, 349. Une *remueuse.*—Femme qui remuait (changeait) le linge et nettoyait l'enfant d'un grand seigneur.

RENONCER, X, 234. «Ne me parlez pas de Madame de Mecklembourg; je la *renonce.*»—Refuse de la reconnaître.

RESSOLLICITER, *Lettres inédites*, I, 350. «Il a fallu *ressolliciter* pour votre petit procès.»

Aller de nouveau solliciter les juges, suivant l'usage du XVIIᵉ siècle.

RESSUYER, VII, 69. «Il n'y a aucun lieu de repos pour eux, ni qui puisse les *ressuyer*.»—Les remettre au beau, après la pluie des dépenses.

RETARDEMENT, III, 82. «Le *retardement*.»—Action de retarder; mot vieilli.

RÉVERBÉRATION, V, 263. «Je n'étais son amie que par *réverbération*.»—Par le contre-coup de connaissances communes.

RIDEAU (derrière le), *Lettres inédites*, II, 409. «Permettez-moi de passer *derrière le rideau* et de vous faire venir sur le théâtre.»—S'effacer.

ROGATON, IX, 409. «Nous lisons des *rogatons* que nous trouvons sous notre main.»—*Rogatum*, chose demandée, humble requête, puis chose de rebut.

RUSTAUDE, V, 213. «L'éducation *rustaude* est fort bonne.»—Qui a de la rusticité, campagnarde.

RUSTAUDEMENT, I, 406. «Je vous aime un peu *rustaudement*.»—Comme une personne de la campagne.

S

SABLONNIER (le), VII, 438. «Il ne fallait pas douter que le *sablonnier*, en passant sur le minuit, ne leur servît de garde.»

Sablonnier, vieillard imaginaire qui jetterait du sable dans les yeux des petits enfants pour les endormir.

SAC, IV, 120. «Je vais avoir la tête dans un *sac*.»—Ne s'occuper de rien. (Cf. Saint-Simon, IV, 120.)

SAC (pièce de son), IX, 346. «Ce sera la meilleure *pièce de son sac*.»

Métaphore tirée des sacs à procès, où les Procureurs mettaient les pièces d'un dossier.

SALÉ, IV, 161; VI, 37. «Je trouve Montgobert *salée* et tous ses tours me font plaisirs.»—Vive et piquante.

On disait aussi, autrefois, d'un homme rigide, ne faisant aucune concession, que c'était un homme bien salé.

SANG (aux ongles), V, 8. «Si mes ennemis avaient du *sang aux ongles*.»

Avaient de l'énergie, du sang dans les veines, dirions-nous à présent.

SAPATE, VI, 144. «Un écran donné en forme de *Sapate*.»

Ce serait, d'après une note des Chansons de Coulanges, un présent considérable, sous la forme d'un objet qui l'est moins en apparence, par exemple: un diamant dans un citron. Quoiqu'il en soit, Sapate est le nom d'une fête en usage le 5 décembre, veille de l'anniversaire de saint Nicolas, chez les Espagnols, avec surprises et cadeaux placés secrètement dans les pantoufles de la personne favorisée. Etymologie: *Zapatilla*, pantoufle, en espagnol.

SAVANTAS, VIII, 430. «Vous me représentez plaisamment votre *Savantas*.»—Pédant, ennuyeux.

SÉCHETTE, III, 147. «Votre lettre est un peu *séchette*.»

Diminutif de sèche, créé par Madame de Sévigné.

SEMONCE, X, 191. «Il faut que la cuisse des cailles se sépare du corps à la première *semonce*.»—Invitation, sollicitation.

SENS FROID, V, 103. «Je n'attendrai pas de *sens froid* cette joie.»

Au lieu de sang-froid. Saint-Simon se sert d'une expression identique.

SERRURE (brouillée), VI, 380. «Sa *serrure* était bien *brouillée*.»—Son esprit était confus, il n'était ouvert à rien; il agissait à tort et à travers.

SIBYLLE (feuilles de la), X, 132. «Ce que vous faites me paraît impossible; c'est courir après les *feuilles de la Sibylle*.»

Voir *Enéide*, III, 443: *Fata canit, foliis que notas et nomina mandat*.

X, 39. «Vous avez bien de la peine à reprendre en l'air les sommes éparpillées que je compare toujours aux *feuilles de cette Sibylle*, qui ne rendait les réponses qu'à la condition de les chercher sur les feuilles qu'elle jetait en l'air.»

SOLAIRE, V, 233. «Son voyage est *solaire*.»—Rayonnant.

Ce mot signifie aussi ouvert et plein. (Cf. Saint-Simon, X, 108.)

SOURDEMENT, III, 351. «On va *sourdement* chez le duc du Maine.»—En se cachant, en dissimulant sa démarche aux yeux et aux oreilles.

SOUS (pièce de quatre), VII, 15. «Dépenser son esprit en petites *pièces de quatre sous*.»—En bagatelles, en menue monnaie.

SURTOUT, IX, 427. «Quel *surtout* que ce rhumatisme!»—Casaque d'hiver, mise par-dessus les autres habits.

SYNAGOGUE (enterrer la), VI, 63. «Ils *enterrent la synagogue*.»

Cette expression proverbiale signifie, d'après Furetière, se servir de manières honnêtes pour détruire quelque chose. Jusqu'à la destruction du Temple de Jérusalem, la synagogue a été respectée par les chrétiens, comme l'ancienne loi, prête à disparaître.

T

TAIAUTS, VI, 360. «Il conserve sa tristesse au milieu de tous les *taiauts*.»—Cris de chasse.

TAILLER (en plein drap), V, 524. «J'étais dans un lieu où on *taillait en plein drap*.»—Parler, se résoudre à agir, sans frein et au hasard.

TAMBOURINAGE, V, 311. «Elle me rend le *tambourinage* qu'elle reçoit de beaucoup d'autres.»—Action de faire grand bruit de quelqu'un ou de quelque chose.

TAPIS (de revente), IV, 67. «Nous faisons chercher un *tapis de revente*.»—Un tapis qui a déjà servi.

TERRE (mettre à), IX, 456. «Chargé de toutes les affaires de la maison, j'aurais eu peur qu'il ne les *mît à terre*.»—Délaisser, abandonner.

TERRE (tomber à), IX, 330. «Cela ne *tombera pas à terre*.»—Ne sera pas négligé.

TERRES (inconnues), VII, 328. «L'amitié au delà de celle que j'ai pour vous, ce sont des *terres inconnues*.»

TÊTE VERTE, V, 117. «Un homme qui a une *tête verte*.»—Brusque, emporté, juvénile encore.

THÉÂTRE (se retirer derrière le), IX, 498. «Ma belle-fille *s'est retirée derrière le théâtre*.»—A quitté la scène, abandonné la partie, rompu tout rapport.

TIRER (jusqu'à la lie), VIII, 3. «Ne pas souhaiter de *tirer jusqu'à la lie*.»—Prolonger sa vie jusqu'à la décrépitude.

TRANSIR, VI, 328. «Cela fait *transir*.»

Etre engourdi de froid. (Cf. Racine, *Phèdre*, I, 3: Je sentis tout mon corps et transir et brûler.)—Etymologie: latin *transire*, aller au delà.

TRÉMEUR, V, 12. «On attend des nouvelles avec *trémeur*.»

Latinisme: *tremor*, tremblement.

TRIVELIN, *Lettres inédites*, I, 395. «Il s'est trouvé en un moment hors d'affaires, comme *Trivelin*.»—Personnage de la comédie italienne, jouant les rôles d'intrigant, de fourbe.

TU AUTEM, IX, 146. «Qu'il suive ses conseils, voilà le *tu autem*.»—Le nœud d'une affaire, sa difficulté, ce qui est essentiel. Etymologie: *tu autem*, mots latins qui signifient: *mais toi*. Cette façon de parler employée également au XVIIe siècle par La Fontaine, Scarron, Madame Dunoyer et d'autres écrivains, est prise des leçons du bréviaire qui finissent par: *Tu autem Domine, miserere mei.*

V

VADE, VI, 126. «Elle m'aime un peu pour ma *vade*.»

Pour mon compte. Au propre: la somme par laquelle un joueur de brelan ouvre le jeu. (Cf. Saint-Simon, IX, 397.)

VAISSEAU (d'iniquité), IX, 510. «M'appeler un *vaisseau d'iniquité*.»

Ce mot a ici le sens de vase, *vas iniquitatis*.

VAPOREUX, IX, 7. «La nombreuse troupe des *vaporeux*.»

Malades de vapeurs. Au XVIIe siècle, on appelait vapeurs des humeurs subtiles qui s'élevaient des parties basses du corps et qui occupaient et blessaient le cerveau.

VENTS (pointe des), VI, 12. «La lettre est un peu sur la *pointe des vents*.»— Ecrite au hasard, dans l'incertitude.

VENT (lier le), VIII, 241. «Ils n'en viendront à bout que le jour où ils auront trouvé l'invention de *lier le vent* et de fixer le mercure.»

VERROUS, IV, 142. «Tirer les *verrous* sur soi.»—Vivre dans la retraite où l'on s'est enfermé.

VESSIES (de cochon par le nez), IV, 27. «Donner d'une *vessie de cochon par le nez*.»—(Cf. Rabelais, III, 45: Comme Triboullet nasardant Panurge avec la vessie de porc enflée qu'il a reçue de lui.)

VIANDE, IX, 152. «Un ragoût, une salade de concombres, des cerneaux et autres sortes de *viandes*.»

Viande était autrefois synonyme d'aliment. Le pain bis était appelé viande par Malherbe. (Cf. Saint-Simon, III, 25.)

VIVOTER, IX, 461. «Faire *vivoter* un pauvre pulmonique.»—Vivre petitement.

VOITURE, I, 395. «Je prétends avoir un de ces jours ma *Voiture* à part.»— Ecrire mes lettres comme celles de Voiture.

VRAIES (personnes), II, 286. «Ah! qu'il y a peu de *personnes vraies*! Rêvez un peu sur ce mot, vous l'aimerez. Je lui trouve, de la façon que je l'entends, une force au delà de sa signification ordinaire.»

Une personne qui se montre dans ses paroles et sa conduite telle qu'elle est en réalité. (Cf. Boileau: Rien n'est beau que le vrai.)

VUE (donner dans la), *Lettres inédites*, II, 119. «Avait *donné dans la vue* d'une fille de Madame de Montglat.»

Donner dans les yeux. (Cf. Saint-Simon, IX, 372.)

Milton Keynes UK
Ingram Content Group UK Ltd.
UKHW030845141124
451205UK00005B/475